BEI GRIN MACHT SICH IHR
WISSEN BEZAHLT

AF141062

- Wir veröffentlichen Ihre Hausarbeit,
  Bachelor- und Masterarbeit

- Ihr eigenes eBook und Buch -
  weltweit in allen wichtigen Shops

- Verdienen Sie an jedem Verkauf

Jetzt bei www.GRIN.com hochladen
und kostenlos publizieren

Bibliografische Information der Deutschen Nationalbibliothek:

Die Deutsche Bibliothek verzeichnet diese Publikation in der Deutschen National-bibliografie; detaillierte bibliografische Daten sind im Internet über http://dnb.d-nb.de/ abrufbar.

Impressum:

Copyright © 2020 GRIN Verlag
Druck und Bindung: Books on Demand GmbH, Norderstedt Germany
ISBN: 9783346215888

Dieses Buch bei GRIN:

https://www.grin.com/document/910101

Anonym

Vergleich und Einsatzmöglichkeiten von Wearables in der Produktionslogistik

GRIN Verlag

GRIN - Your knowledge has value

Der GRIN Verlag publiziert seit 1998 wissenschaftliche Arbeiten von Studenten, Hochschullehrern und anderen Akademikern als eBook und gedrucktes Buch. Die Verlagswebsite www.grin.com ist die ideale Plattform zur Veröffentlichung von Hausarbeiten, Abschlussarbeiten, wissenschaftlichen Aufsätzen, Dissertationen und Fachbüchern.

Besuchen Sie uns im Internet:

http://www.grin.com/

http://www.facebook.com/grincom

http://www.twitter.com/grin_com

Seminararbeit in Digitalisierung

Vergleich und Einsatzmöglichkeiten von Wearables in der Produktionslogistik

Inhaltsverzeichnis

Abbildungsverzeichnis

Abkürzungsverzeichnis

AR   Augmented Reality

BDE   Betriebsdatenerfassung

HMD   Head Mounted Display

TUL   Transport, Umschlag, Lagerung

VR   Virtual Reality

WIP   Work in Process

1 Einleitung

Auch im Rahmen der 4. industriellen Revolution (Industrie 4.0) bleiben die Aufgaben der Logistik auf den ersten Blick dieselben. Die richtigen Produkte müssen zur richtigen Zeit in der richtigen Menge am richtigen Ort zur richtigen Qualität und den richtigen Kosten sein.[1] Getrieben durch die Globalisierung und dem steigenden Wachstum der Weltbevölkerung werden jedoch die Kundenanforderungen immer differenzierter und individueller, sodass Unternehmen auch im Hinblick auf Ihre Produktion flexibler werden müssen um dauerhaft wettbewerbsfähig zu bleiben.[2] Gleichzeitig bedeuten individuellere Kundenwünsche auch komplexere Anforderungen an die logistischen Prozesse. Im Rahmen der Industrie 4.0 ist es daher vor allem im Bereich der Logistik wichtig den Einsatz neuer Technologien voranzutreiben und dadurch sowohl den Materialfluss als auch den Informationsfluss entlang der gesamten Supply Chain ständig nach Verbesserungspotentialen zu untersuchen und zu optimieren. Ein wichtiger Baustein zur Verbesserung logistischer Prozesse ist die Digitalisierung und damit einhergehend die Datentransparenz zwischen den einzelnen Wertschöpfungsstufen. Dabei gilt: Umso größer die Datentransparenz zwischen den einzelnen Prozessen ist, desto flexibler können die logistischen Systeme auf sich ändernde Marktanforderungen reagieren.[3] Um einen schnelleren und transparenteren Datenaustausch über die gesamte Wertschöpfungskette hinweg zu gewährleisten und gleichzeitig den Materialfluss zu verbessern bauen viele Unternehmen heute schon auf verschiedene technische Innovationen im Sinne der Digitalisierung. Hierzu zählt unter anderem auch der Einsatz von Wearables, welcher im Rahmen dieser Seminararbeit genauer beleuchtet werden soll.

1.1 Problemstellung

Vor allem in der Produktionslogistik sind die Mitarbeiter täglich Aufgaben ausgesetzt die zwar einfach erscheinen aber in einer relativen Häufigkeit von einzelnen Mitarbeitern manuell durchgeführt werden müssen und dementsprechend sehr zeitaufwendig sind. Dazu zählen zum Beispiel Aufgaben wie das Kommissionieren, das Verladen oder das Aus-und Einlagern von Materialien. Neben den physischen Arbeitsschritten müssen diese Tätigkeiten

---

[1] Vgl. Reinhart, G., Industrie 4.0, 2017, S. 451.
[2] Vgl. Vogel-Heuser, B. et al., Produktion, 2017, S. 6 ff.
[3] Vgl. Liebetruth, T., Merkel, L., Routenzugplanung, 2018, S. 43.

ebenfalls systemseitig abgebildet werden. Dies geschieht häufig ebenfalls manuell durch den Mitarbeiter. Da die Zeit in der Logistik einen extrem hohen Stellenwert hat, ist es im Sinne der Unternehmen, Prozesse welche zeitaufwendig sind und dementsprechend auch Kosten verursachen , ständig zu optimieren. Dabei sollen Wearables, indem Sie die Mitarbeiter im Bereich der Produktionslogistik während ihren operativen sowie strategischen Tätigkeiten unterstützen, einen Beitrag zur Zeit-und damit auch Kostenersparnis leisten. Denn vor allem in der Produktionslogistik können zu niedrige Bestände, fehlende Artikel oder verspätete Anlieferungen in der Montage schwerwiegende Auswirkungen auf die Produktion und damit einhergehend auf unternehmerische Zielgrößen wie Kosten oder den Umsatz haben. [4]

Daher werden im Rahmen dieser Hausarbeit die folgenden Forschungsfragen untersucht:

- Welche positiven und negativen Eigenschaften bringen Wearables vor dem Hintergrund eines Einsatzes in der Produktionslogistik mit sich?
- Wie wirken sich die Eigenschaften von Wearables auf die Anforderungen der Produktionslogistik aus?
- Wie können einzelne Wearables in der Produktionslogistik eingesetzt werden um Prozessabläufe zu optimieren?

1.2 Gegenstand und Ziel der Arbeit

Zielsetzung der vorliegenden Seminararbeit ist es darzulegen, welche Vor-und Nachteile bzw. Herausforderungen der Einsatz von Wearables im Rahmen der Produktionslogistik mit sich bringt. Dazu soll untersucht werden wie sich die Eigenschaften von Wearables auswirken, um die Produktionslogistik bei der Bewältigung ihrer Anforderungen zu unterstützen. Zudem soll dargelegt werden, wie der Einsatz einzelner Wearables in der Produktionslogistik gestaltet werden könnte.

---

[4] Vgl. Theracon, o.J. .

1.3 Aufbau der Arbeit

Die vorliegende Hausarbeit ist in sechs Kapitel untergliedert. Zunächst werden im Rahmen der Einleitung die Problemstellung sowie das Ziel und der Aufbau dieser Arbeit dargestellt. Durch die Erläuterung der Produktionslogistik sowie deren Hauptaufgaben, Ziele und Herausforderungen soll ein fundamentales Verständnis für die Ausgangslage der Seminararbeit geschaffen werden. Im Anschluss wird der Begriff „Wearabes" erklärt und Einsatzbereiche von Wearables in der Industrie vorgestellt. Zudem werden ausgewählte Wearables näher erläutert und im Anschluss die sowohl positiven als auch negativen Eigenschaften von Wearables zusammengefasst. Im methodischen Teil der Hausarbeit wird im vierten Kapitel untersucht, wie sich die Eigenschaften der Wearables auf die aus der Theorie abgeleiteten Anforderungen und Zielkriterien der Produktionslogistik auswirken. Im fünften Kapitel werden aus der vorangegangenen Untersuchung potentielle Einsatzmöglichkeiten und Einsatzbereiche der vorgestellten Wearbles in der Produktionslogistik dargestellt. Im letzten Kapitel werden die Ergebnisse der Seminararbeit zusammengefasst und mit einer Schlussbetrachtung im Hinblick auf die zu Beginn aufgestellten Forschungsfragen abgerundet. Die folgende visuelle Darstellung des Aufbaus der Hausarbeit soll der Orientierung dienen.

Abbildung 1: Aufbau der Hausarbeit[5]

---

[5] Eigene Darstellung.

2   Produktionslogistik

Die Produktionslogistik fungiert als Bindeglied zwischen der Beschaffungslogistik und der Distributionslogistik. Während die Beschaffungslogistik und die Distributionslogistik direkte Berührungspunkte mit den einzelnen Märkten haben, zielt die Produktionslogistik ausschließlich auf die innerbetrieblichen Arbeitsabläufe ab. Zur Produktionslogistik zählen alle Aufgaben die in Verbindung mit der Versorgung der Produktion durch Einsatzgüter einhergehen. Darunter fallen beispielsweise die Bereitstellung von Rohstoffen oder Kaufteilen zur Produktion sowie die Abgabe von Halbfertig- und Fertigerzeugnissen an das Absatzlager.[6] Zudem beschäftigt sich die Produktionslogistik neben den unternehmensinternen Warenflüssen auch mit den dazugehörigen Informationsflüssen und kann bei einer effektiven Gestaltung sowie Überwachung der internen Logistikprozesse einen entscheidenden Beitrag zur Erreichung relevanter Unternehmensziele wie beispielsweise dem Unternehmensgewinn, der Liquidität, der Kundenzufriedenheit oder der Motivation der eigenen Mitarbeiter leisten. Eine wichtige Grundlage für einen Zielbeitrag zum Unternehmenserfolg stellt dabei vor allem die betriebliche Informationstechnik (z.B. in Form von Softwaresystemen) dar.[7] Diese muss beispielsweise gewährleisten, dass alle am Gesamtprozess involvierten Mitarbeiter und Systeme rechtzeitig alle relevanten Informationen vollständig erhalten. Dadurch kann einerseits ein reibungsloser Produktionsablauf und andererseits eine gewisse Reaktionsfähigkeit auf unvorhergesehene Ereignisse abgedeckt werden.

---

[6] Vgl. Pfohl, H., Logistiksysteme, 2018, S. 201 ff.
[7] Vgl. Bauer, J., Produktionslogistik, 2014, S. 1.

2.1 Hauptaufgaben der Produktionslogistik.

Die Hauptaufgaben der Produktionslogistik werden im Folgenden erläutert und belaufen sich hauptsächlich auf die in Abbildung 3 dargestellten Aspekte.

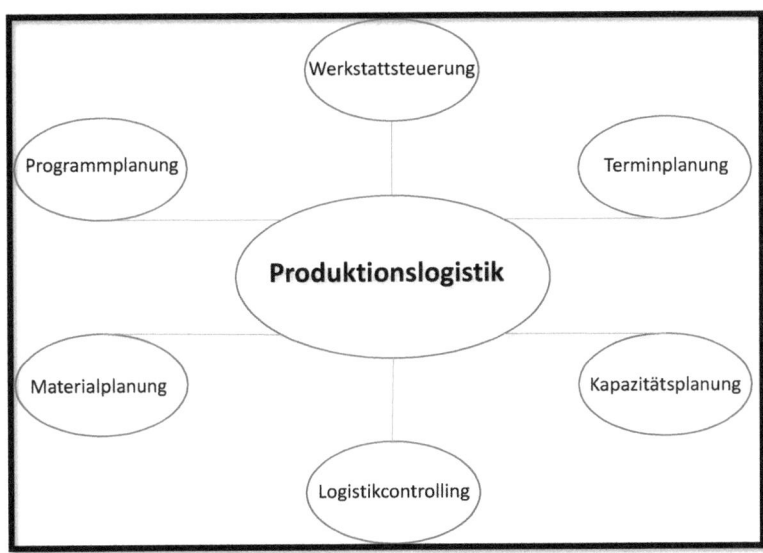

Abbildung 2: Hauptaufgaben der Produktionslogistik[8]

In Abstimmung mit dem Vertrieb erstellt die Programmplanung entsprechend einem vorhandenen Produktsortiment einen Plan für die monatlichen als auch jährlich zu fertigenden Stückzahlen. Die Aufgabe im Rahmen der Kapazitätsplanung ist es, die Kapazitätsauslastung für die einzelnen Betriebsmittel festzulegen und zu überblicken. Bei der Terminplanung hingegen werden Fertigungs-und Liefertermine im Zusammenhang mit der Produktion festgelegt und die Aufgabe der Werkstattsteuerung ist die Überwachung der Produktionsprozesse. Dabei wird mit Hilfe der Betriebsdatenerfassung (BDE) zusätzlich für Transparenz über den gesamten Fertigungsablauf und den dazugehörigen, eingesetzten Materialien gesorgt. Das Logistikcontrolling überwacht übergreifend die vereinbarten Optimierungsziele hinsichtlich der Produktionsabläufe. Die Aufgabe der Materialplanung ist es, die Lagerung und die Verfügbarkeit

---

[8] Eigene Darstellung in Anlehnung an Bauer, J., Produktionslogistik, 2014, S. 3.

der für die Produktion benötigten Materialien, wie z.b. Rohstoffe oder Einzel-
teile. zu gewährleisten. [9]Dabei bilden vor allem die physischen Transport-, Um-
schlags- und Lagerungsprozesse (TUL-Prozesse) zusammen mit der Kommissionierung und dem Verpacken bzw. Umpacken die Basis dafür, dass die
richtigen Materialien bzw. Rohstoffe der Produktion zur richtigen Zeit bereitgestellt werden.[10]

2.2 Ziele und Herausforderungen der Produktionslogistik

Das übergreifende Ziel der Produktionslogistik ist sicherzustellen, dass die
richtigen Materialien, zur richtigen Zeit, in der richtigen Menge, kostengünstig
am richtigen Fertigungsort bereitgestellt werden, damit Produkte planmäßig
gefertigt werden können und dadurch der maximale Nutzen eines Gutes im
Rahmen der innerbetrieblichen Wertschöpfungskette gewährleistet werden
kann. Um diesen Zustand zu gewährleisten ist es die Aufgabe der Produktionslogistik die Material-und Informationsflüsse zwischen den einzelnen innerbetrieblichen Lägern (wie z.b. dem Wareneingangslager oder dem Produkti-
onslager) über die Produktion bis hin zum Distributionslager zu planen, durch-
zuführen, zu überwachen und zu optimieren.[11]

Da die Anforderungen der Kunden an die Produkte immer individueller und
vielfältiger werden, bedeutet dies auch für die Produktionslogistik einen höhe-
ren Steuerungs- und Organisationsaufwand. Um die einzelnen Märkte im Hinblick auf den durch die Globalisierung vorangetriebenen Wettbewerb innerhalb
kürzester Zeit mit den nachgefragten Produkten zu versogern, steht die Produktionslogistik vor den folgenden Herausforderungen:[12]

Damit Unternehmen über eine gewisse Flexibilität bei den sich ständig ändern-
den Kundenanforderungen verfügen, ist es wichtig unnötige „Verschwendung
durch beispielsweise zu hohe Lagerbestände zu vermeiden. Zudem ist es von
Vorteil den „Work in Process"-Bestand (WIP-Bestand) zu minimieren. Mit dem
WIP-Bestand ist der Umlaufbestand in der Produktion gemeint. Eine Vermin-
derung dieses Bestands ermöglicht es dem Unternehmen bei gleichen Platz-

---

[9] Vgl. Bauer, J., Produktionslogistik, 2014, S. 3.
[10] Vgl. Hermeier, B. et al., Arbeitswelten, 2019, S. 54 ff.
[11] Vgl. Martin, H., Transport, 2006, S. 6.
[12] Vgl. Mecalux, 2020.

verhältnissen im Lager und der Fertigung, mehr Produkte für Kunden herzu-
stellen und dementsprechend flexibler auf volatile Kundenanforderungen zu
reagieren. Zudem kann eine gute die Layout Planung eines Lagers ebenfalls
zu einer optimalen Platzausnutzung beitragen. [13]

Ein weiterer entscheidender Faktor im Hinblick auf die steigenden Produktva-
rianten ist, dass für die Belieferung der Just-in-Time sowie Just-in-Sequence
Artikel bei produzierenden Unternehmen eine gewisse Prozesssicherheit gewährleistet sein muss. In diesem Zusammenhang ist die Hauptaufgabe der
Produktionslogistik für die pünktliche und korrekte Bereitstellung der jeweiligen
Materialien an den richtigen Produktionssequenzen zu sorgen, um dadurch
die eine fortlaufende Produktion zu gewährleisten.[14]

Um sichere Prozessabläufe innerhalb der einzelnen innerbetrieblichen Lager-
plätze über die Produktion bis hin zu den Distributionslagern zu gewährleisten,
ist es zudem wichtig, entsprechend der immer komplexeren Produktanforde-
rungen durch den Kunden, die einzelnen Materialflüsse über eigene Systeme
so transparent wie möglich abzubilden, damit potentielle Gefahren und Prob-
leme rechtzeitig erkannt werden können. Des Weiteren können dadurch ebenfalls die physischen Abläufe ständig überwacht werden. Noch wichtiger ist es,
das die Informationen über die einzelnen Materialflüsse ohne großartige Zeitverzögerung zum tatsächlichen Prozessablauf an die richtigen Systeme übertragen werden. Dadurch kann die Reaktionsfähigkeit auf sich ändernde Anforderungen enorm gesteigert werden.[15] Dies bedeutet auch, dass Geräte und
Maschinen welche in eine bestehende Infrastruktur integriert werden, prob-
lemlos mit der bereits bestehenden Systemwelt interagieren sollten, damit bereits vorhandene Prozesse und IT-Strukturen störungsfrei weiterverwendet
werden können.[16]

Eine ebenfalls nicht zu vernachlässigende Herausforderung der Produktionslogistik, ist der Faktor Mensch. Dieser ist nicht nur für die Planung der logistischen Prozessabläufe verantwortlich sondern auch für die physische Durch-

---

[13] Vgl. Marlog, 2017.
[14] ebd.
[15] ebd.
[16] Vgl. Voß, P. H., Zukunftsindustrie, 2020, S. 14.

führung und Umsetzung einzelner Prozesse. Vor allem die bereits vorgestellten TUL-Prozesse inklusive dem Kommissionieren und dem Aus- bzw. Umpacken von Waren, Materialien oder Halbfertigerzeugnissen wird größtenteils von Menschen durchgeführt. Da diese physische Arbeitsabläufe eine enorme Wirkung auf die Produktionsqualität, -stabilität und die Durchlaufzeiten eines Produktes innerhalb eines Unternehmens haben, ist es im Rahmen der Produktionslogistik wichtig in diesem Bereich Fehlerpotentiale zu erkennen und weitestgehend zu eliminieren.[17]

3 Wearables

Bei Wearable Devices, kurz ausgesprochen Wearables[18], handelt es sich um Computertechnologien in Form von Geräten die während der Anwendung von Menschen an ihren Körperteilen, wie z.B. den Händen, an den Armgelenken oder am bzw. auf dem Kopf getragen werden können.[19] Des Weiteren können Wearables auch in Form von Sensoren direkt an Kleidungsstücken angebracht werden. In der Regel sind Wearables mit dem Internet verknüpft und man kann zwischen zwei Ausführungsmöglichkeiten differenzieren. Einerseits gibt es Geräte die eine reine Input/Output-Funktion übernehmen und zum anderen gibt es Geräte die darüber hinaus noch über die Fähigkeit verfügen mit Hilfe einer eigenen Rechenleistung, Anwendungen lokal direkt auszuführen.[20] Die Hauptaufgabe von Wearables ist es, mit Hilfe ihrer verbauten Technologien relevante Daten über die physische Verfassung sowie dem Verhalten ihrer Anwender oder Daten rund um die Einsatzumgebung und der laufenden Arbeitsprozesse zu erfassen, wiederzugeben und weiterzuleiten.[21] Für den Mitarbeiter und den Arbeitsprozess hilfreiche Informationen werden dem Anwender über das Wearable mittels Symbolik oder Anweisungen zum weiteren Vorgehen bereitgestellt. Zudem können durch das Wearable aufgenommene Daten gespeichert oder an angebundene Systeme weitergeleitet werden um Trans-

[17] Vgl. Laub, M., Augmented Reality, 2015, S. 4. ; Marlog, 2017.
[18] Vgl. Winkelhake, U., Transformation, 2017, S. 72.
[19] Vgl. Bendel, O., Keywords, 2019, S. 271.
[20] Vgl. Winkelhake, U., Transformation, 2017, S. 72 ff.
[21] Vgl. Bosse, C. K., Zink, K. J., Arbeit, 2019, S. 380.

parenz über physische Prozesse zu schaffen oder dadurch weitere Arbeits-schritte anzustoßen.[22] Beispiele für Wearables sind unter anderem die Daten-brille, die Smartwatch und der Smart Handschuh. Die aufgeführten Beispiele werden im weiteren Verlauf dieser Seminararbeit noch detaillierter erläutert um eine passende Ausgangsbasis für einen Vergleich zu schaffen sowie entspre-chende Eigenschaften von Wearables abzuleiten.

3.1 Einsatzbereiche von Wearables in der Industrie

Das Zusammenspiel zwischen Mensch und Maschine zur Unterstützung von einzelnen Arbeitsschritten mit Hilfe von Wearables ist schon längst nicht mehr nur eine Vision, sondern wird bereits heute schon in den unterschiedlichsten Bereichen in der Industrie umgesetzt. Der Grundgedanke des Einsatzes von Wearables ist dabei, dass mit Hilfe der tragbaren Technologiegeräte haupt-sächlich „mobile Arbeitsprozesse" unterstützt werden mit dem Ziel diese effek-tiver zu gestalten.[23] Die nachfolgende Abbildung verdeutlicht nochmals in wel-chem Umfeld der Einsatz von Wearables besonders lohnenswert erscheint:

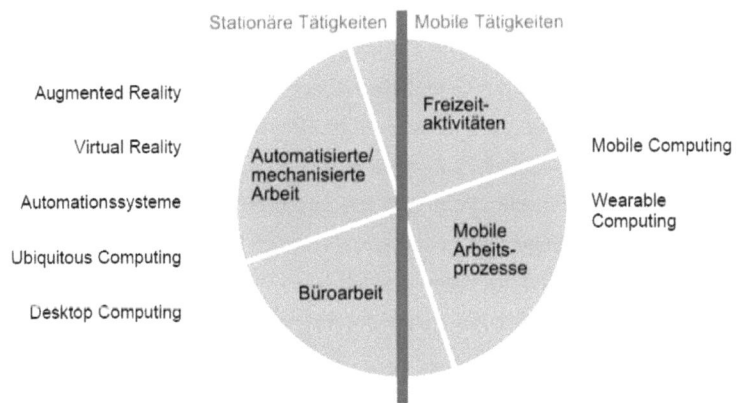

Abbildung 3: Einsatzbereiche einzelner Technologien[24]

Die Darstellung ist in stationäre und mobile Tätigkeiten unterteilt. Es ist zu er-kennen, dass Technologien wie Automationssysteme oder Ubiquitous Com-puting eher für Stationäre Tätigkeiten wie z.B. Büroarbeit oder automatisierte

---

[22] Vgl. Scholze-Reiter, B. et al., Info, 2010, S. 10.
[23] Vgl. Rügge, I. et al., Wearable, 2003.
[24] Rügge, I. et al., Wearable, 2003.

Arbeiten verwendet werden. Auch AR und VR Technologien finden sich im Bereich der stationären Tätigkeiten wieder. AR und VR können jedoch, wie im weiteren Verlauf dieser Arbeit noch beleuchtet wird, auch Bestandteil von Wearables sein. Da sich diese Seminararbeit ausschließlich mit Wearables befasst, wird im Folgenden der dargestellte Einsatzbereich von Wearables, Mobile Arbeitsprozesse, etwas näher erläutert.

Mobile Arbeitsprozesse zeichnen sich durch die folgenden Merkmale aus:

- Tätigkeiten werden in der Bewegung oder an unterschiedlichen Örtlichkeiten ausgeübt
- Die Hauptaufgabe der ausführenden Mitarbeiter besteht im physischen Umgang mit realen Erzeugnissen wie z.b. Materialien, Rohstoffen etc.
- Es herrscht meist eine eingeschränkte Aufmerksamkeit der Mitarbeiter für die Bedienung der zugehörigen IT-Systeme
- Mitarbeiter sind Bestandteil eines durch IT integrierten Arbeitsablaufs[25]

Entlang einer Wertschöpfungskette können Wearables bereits in unterschiedlichen Bereichen eingesetzt werden. Bei der Kommissionierung, bei der Verpackung sowie der Ein-und Auslagerung von Artikeln können kleine tragbare Computergeräte zur Unterstützung eingesetzt werden. Ein weiterer Einsatzbereich für Wearables bietet sich im Rahmen von Instandhaltungstätigkeiten einzelner Maschinen.[26] Zusätzlich können auch die Arbeitsbekleidungen von Mitarbeitern in der Produktion mit Sensoren ausgestattet werden um deren körperliche Belastung zu messen.[27] Auch im Bereich des Vertriebs ist es möglich dem Kunden mit Hilfe eines virtuellen Verkaufsgespräches durch den Einsatz einer 3D-Brille ein ganz individuelles Beratungs-und Einkaufserlebnis zu bieten.[28]

---

[25] ebd.
[26] ebd.
[27] Vgl. Bosse, C. K., Zink, K. J., Arbeit, 2019, S. 362, S. 380.
[28] Vgl. Winkelhake, U., Transformation, 2017, S. 71.

3.2 Vorstellung ausgewählter Wearables

Da sich diese Seminararbeit ausschließlich mit dem Einsatz von Wearable Devices in der Produktionslogistik befasst, werden in diesem Kapitel Wearables
vorgestellt, die einem Einsatz in der Produktionslogistik gerecht werden können. Dabei wird das Hauptaugenmerk auf die bereits in Kapitel 2 erläuterten
TUL-Aktivitäten, inklusive der Kommissionierung, gelegt, da es sich hierbei
hauptsächlich um mobile Arbeitsprozesse handelt welche von Mitarbeitern
durchgeführt werden. Hier gilt es zu untersuchen ob für diese Prozesse durch
den Einsatz von Wearables positive Effekte erzielt werden können.

3.2.1 Datenbrille

Eine Datenbrille oder auch Head-Mounted Display (HMD) kann dem Anwender digitale Informationen in Überlagerung zur Realität zur Verfügung stellen
oder ihn komplett in eine virtuelle Welt eintauchen lassen.[29] Damit diese Art
der Informationsbereitstellung möglich ist, wird bei Datenbrillen hauptsächlich
Augmented Reality (AR) oder Virtual Reality (VR) verwendet. Bei AR wird die
tatsächliche Umgebung des Anwenders mit virtuellen Elementen ergänzt. Bei
VR wird der Anwender mit einer vollständig virtuellen Umgebung konfrontiert
und kann innerhalb dieser virtuellen „Welt" in Echtzeit agieren.[30] Bei dem Einsatz einer Datenbrille werden dem Anwender alle für seine Tätigkeiten relevanten Informationen mit Hilfe von AR bzw. VR in sein Sichtfeld projiziert. Dies
hat den Vorteil, dass er beide Hände frei hat und dementsprechend vor allem
im Hinblick auf die TUL-Prozesse einfacher arbeiten kann, da er z.B. keine
Bestandsliste mehr mit sich führen muss, da diese Aufgaben durch die Datenbrille übernommen werden. Dabei kann zwischen einem Look-Through-HMD
(Durchsichtsystem) und einem Look-Around-HMD (Umsichtsystem) unter-
schieden werden. Bei Durchsichtsystemen, hauptsächlich durch AR unterstützt, sieht der Anwender die reale Umgebung zum Teil noch, da meistens
nur ein Auge über die Datenbrille virtuelle Informationen empfängt. Bei Um-
sichtsystemen, hauptsächlich durch VR unterstützt, nimmt der Anwender das
gesamte virtuelle Umfeld nur über die Datenbrille wahr.[31]

---

[29] Vgl. Bracht, U. et al., Fabrik, 2018, S. 169.
[30] Vgl. Schenk, M., Zukunft, 2017, S. 86.
[31] Vgl. Günthner, WA. et al., Wearable Computing, 2011, S .5.

Abbildung 4: Einsatz einer Look-Around VR Brille[32]

Datenbrillen sind zudem ein sehr leichtes Wearable und nur minimal schwerer als eine normale Brille, sodass Sie während der Anwendung auch keine Last oder Behinderung für einen Mitarbeiter darstellen. Mit Hilfe einer Datenbrille erhält der Mitarbeiter auch relevante Informationen wie z.b. den Lageplatz eines gesuchten Artikels welcher gepickt werden muss. Dies spart dem Mitarbeiter Zeit und minimiert dessen Suchaufwand nach dem richtigen Artikel. Zudem können dem Arbeiter auch noch weitere Informationen über die Datenbrille zur Verfügung gestellt werden, wie z.b. ein Vorschlag wo das ausgewählte Produkt in seinem Kommissionier-Wagen zu platzieren ist, damit der Platz optimal ausgenutzt wird.[33]

Ebenso können dem Mitarbeiter über die Brille auch Sicherheitshinweise zu einzelnen Produkten oder Routendaten weitergeleitet werden, damit dieser den optimalen Laufweg bei einem Kommissionier Prozess in einem Lager oder einem Transport von Materialien an ein Fertigungsband vornehmen kann. Bei der DHL sind beispielsweise bereits standortübergreifend Datenbrillen für die Kommissionierung im Lager im Einsatz.[34]

---

[32] Produktion, 2017.
[33] Vgl. Schreier, J., 2017.
[34] ebd.

Abbildung 5: Einsatz einer Look-Thorugh Datenbrille bei DHL [35]

3.2.2 Smart Handschuh

Bei einem Smart Handschuh handelt es sich um eine Kombination aus einem elektronischen Handschuh oder einer Handmanschette mit einem integrierten Scanner. Dieser kann dem Anwender Signale im Hinblick auf seine ausführende Tätigkeit übermitteln und soll dessen Arbeit erleichtern. Dadurch dass bereits ein Barcode Scanner in dem Handschuh integriert ist, müssen Mitarbeiter bei der Benutzung dieses Handschuhs keinen zusätzlichen Scanner mit sich tragen, haben beide Hände frei und können sich dadurch einzelne Arbeitsschritte erleichtern. Zudem kann der Smart Handschuh via Bluetooth mit anderen Wearables, Smartphones oder Tablets verbunden werden.[36] Die durch den kleinen, integrierten Scanner erfassten Daten werden direkt und ohne Zeitverzögerung an einen Rechner bzw. an ein Computersystem gesendet. Ein weiterer positiver Nebeneffekt des Smart Handschuhs ist, dass dieser dem Anwender auch Rückmeldung in Form von Vibration oder hörbaren Signalen zu einer eingescannten Ware gibt und dadurch den Mitarbeiter auf Fehler hinweisen kann. Der Smart Handschuh kann die Arbeitsprozesse von der Warenannahme über die Materialbereitstellung und Sequenzierung bis hin zur Montage und dem Verpacken von Waren unterstützen. Zudem kann der Smart Handschuh auch für das Bestandsmanagement eingesetzt werden und bietet

---

[35] Schreier, J., Vision, 2017.
[36] Vgl. Meitinger, T., Denso, 2019.

eine genaue Rückverfolgbarkeit einzelner Bauteile/Materialien entlang der unternehmensinternen Supply Chain.[37]

3.2.3 Smartwatch

Eine Smartwatch ist die Verknüpfung einer Armbanduhr und einem Smartphone. Sie zeichnet sich durch ein elektronisches Display aus und enthält sowohl Sensoren als auch viele Funktionen eines Smartphones, jedoch in abgespeckter Version, und lässt sich darüber hinaus auch via Bluetooth mit einem Smartphone verknüpfen. Zudem lassen sich Smartwatches nicht nur haptisch sondern auch via Sprachsteuerung bedienen. Neben den normalen Funktionen einer Uhr, lässt sich mit einer Smartwatch z.B. auch die Herzfrequenz messen oder Schritte und Kalorien zählen, weshalb dieses Wearable für den alltäglichen Gebrauch ein immer beliebteres Gadget wird.[39] Doch auch im Bereich der Industrie und besonders der Logistik, können Smartwatches einen Mehrwert für die tägliche Arbeit leisten indem Sie beispielsweise mit anderen Maschinen und Wearables vernetzt werden und zur Kommunikation genutzt werden. So können Mitarbeiter beispielsweise über die Smartwatch informiert

---

[37] Vgl. Proglove, o.J. .
[38] Lamprecht, S., Kommissionierung, 2018.
[39]Vgl. Smartwatch, o.J. .

werden, wann welche Behälter oder Materialien in Ihren Arbeitsbereichen an-
kommen.[40] Auch wenn es darum geht innerhalb einer Lieferkette den entspre-
chenden Mitarbeitern Mitteilungen über Sicherheitsvorkehrungen in einzelnen
Bereichen oder den Zustand einer Maschine zu senden, können Smartwatches ein hilfreiches Wearable zur Unterstützung der Arbeitsprozesse sein.[41]

Abbildung 7: Einsatz einer Smartwatch[42]

3.3 Positive und negative Eigenschaften von Wearables

Um die bisher erforschten Erkenntnisse zu Wearables aus Kapitel 3 zu bün-
deln werden in der nachfolgenden Tabelle die wichtigsten Eigenschaften von
Wearables kurz zusammengefasst und dargestellt:

Positive Eigenschaften von Wearables
• Vereinfachte Darstellung wichtiger Dokumente und Informationen hinsichtlich eines Arbeitsprozesses im direkten Sichtfeld des Anwenders
• Darstellung optimierter Laufwege und Produktstandorte ist durch den Einsatz von Wearables möglich
• Minimierung des Suchaufwands nach dem richtigen Artikel
• Mehr Bewegungsfreiheit durch den Einsatz von Wearables (beide Hände können für die Arbeit genutzt werden) - Unhandliche Hilfsmittel (z.B. Scanner Pistole) können vernachlässigt werden

---

[40] Vgl. Pressclub Österreich,Autonom, 2018.
[41] Vgl. ICS Group, 2016.
[42] Beutnagel, W., Picking, 2015.

• Direkte Datenübertragung von Artikel-,Bauteil- oder Maschineninformationen über ein Wearable in die vorhandenen Systeme und Server eines Unternehmens.
• Hinweise auf Sicherheitsvorkehrungen in bestimmten Bereichen oder bei dem Umgang mit bestimmten Artikeln und Produkten
• Einfache Verbindung von Wearables mit anderen elektrischen Hilfsmitteln oder Maschinen via Bluetooth möglich
• Fehlerminimierung durch Signale die über das Wearable direkt an den Anwender übertragen werden
• Transparenz über den Status und Standort einzelner Artikel über die unternehmensinterne Lieferkette hinweg

Abbildung 8: Positive Eigenschaften von Wearables[43]

In der vorangegangen Darstellung in Abbildung 8 handelt es sich ausschließlich um positive Eigenschaften die ein Einsatz von Wearables mit sich bringt. Jedoch gibt es auch negative Eigenschaften und Herausforderungen die ein Unternehmen vor einem Einsatz von Wearables beachten sollte. Die wichtigsten werden im Folgenden kurz beleuchtet:

• Da es sich bei Wearables um mobile Geräte handelt welche sich am Körper des Mitarbeiters befinden, besteht immer die Gefahr dass diese kompakten Geräte vergleichsweise einfach entwendet werden können.

• Neben der Gefahr der physischen Entwendung der Wearables spielt auch die damit verbundene Datensicherheit eine große Rolle. Ein Diebstahl eines Wearables kann gleichbedeutend damit sein, dass wichtige Informationen über Bestände oder einzelne Produkte relativ einfach in die Hände von Dritten gelangen können.

• Aufgrund dieser Tatsache steigt auch der Anspruch an die Verifizierung eines Mitarbeiters mit einem Wearable.[44]

• Ebenso kann die Kompatibilität der einzelnen Wearables ein Nachteil für ein reibungsloses Zusammenspiel der mobilen Geräte sein. Da z.B. zwei Wearables mit unterschiedlichen Betriebssystemen nicht miteinander kommunizieren und Daten austauschen könnten oder sich die Darstellungsweise bei

---

[43] Eigene Darstellung.
[44] Vgl. Vogel-Heuser, B. et al., Produktion, 2017, S. 172.

der Informationsübertragung auf zwei verschiedenartige Wearables schwierig gestalten könnte.[45]

- Zudem spielt bei der Einführung neuer Technologien und Prozesse immer auch die Akzeptanz der Mitarbeiter eine wichtige Rolle. Hier gilt es die Mitarbeiter frühzeitig in den Transformationsprozess einzubinden, sie ausführlich zu schulen und offene Fragen sowie mögliche Datenschutz-Themen bezüglich Wearables rechtzeitig zu untersuchen und abzuklären.

- Ein weiterer Punkt ist, dass bei einem Einsatz von Wearables sichergestellt werden muss dass die verwendeten Wearables keine zusätzliche Last für den Mitarbeiter darstellen sondern in puncto Ergonomie, Gewicht, Tragekomfort und Prozesssicherheit überwiegend einen positiven Einfluss auf die Arbeitsweise des Mitarbeiters haben.

4 Untersuchung des Einsatzes von Wearables in der Produktionslogistik

In den vorherigen Kapiteln wurden die theoretischen Grundlagen zur Produktionslogistik und zu Wearables sowie die Eigenschaften dieser vorgestellt und erläutert. Dadurch konnte eine Ausgangsbasis für die in diesem Kapitel anstehende Untersuchung des Einsatzes von Wearables hinsichtlich der Anforderungen in der Produktionslogistik geschaffen werden. Die Anforderungen leiten sich aus den Herausforderungen und Zielen der Produktionslogistik ab. Diese werden in Kapitel 4.1 nochmals zusammengefasst und daraus entsprechende Zielkriterien für die Untersuchung abgeleitet. In Kapitel 4.2 wird im Anschluss untersucht ob und welchen Einfluss die in Kapitel 3.2 erfassten positiven sowie negativen Eigenschaften der Wearables auf die Anforderungen der Produktionslogistik haben. Ziel dieser Untersuchung ist es, anschließend eine Aussage darüber treffen zu können, ob und wie Wearables fördernd in der Produktionslogistik eingesetzt werden können.

---

[45] ebd.

4.1 Anforderungen und Zielkriterien der Produktionslogistik

Um entsprechende Zielkriterien der Produktionslogistik formulieren zu können, werden zunächst die in Kapitel 2.1 vorgestellten Ziele und Herausforderungen der Produktionslogistik sowie zugehörige Anforderungen in der nachfolgenden Tabelle zusammengefasst dargestellt:

Ziele und Herausforderungen der Produktionslogistik	Anforderungen
Pünktliche Materialbereitstellung:	• Materialien sind immer zur richtigen Zeit am richtigen Ort • Gewährleistung der Prozesssicherheit für JIT/JIS Produkte • Sicherstellung des Material-und Informationsfluss • Regelmäßige Kommunikation und Informationsaustausch • Hoher Koordinationsaufwand
Vermeidung von „Verschwendung":	• Reduzierung unnötiger und zu hoher Bestände • Optimale Platzausnutzung der Flächen • „Real Time" Transparenz zu Beständen • Sicherstellung des Material-und Informationsfluss
Abbildung der physischen Prozesse in eigenen Systemen	• „Real Time" Transparenz zu Materialflüssen und Beständen • Hoher Koordinationsaufwand
Sicherstellung und Optimierung der TUL-Prozesse :	• Hoher Koordination und Kommunikationsaufwand • Fehlerpotentiale erkennen und eliminieren • Sicherstellung des Material und Informationsfluss

Aus der dargestellten Übersicht ist zu erkennen, dass sich für die unterschiedlichen Herausforderungen teilweise dieselben Anforderungen ergeben. So ist
beispielsweise die Sicherstellung des Material- und Informationsfluss eine An-
forderung zur Bewerkstelligung aller aufgelisteten Herausforderungen. Dementsprechend lassen sich aus den Anforderungen an die Produktionslogistik
die folgenden Zielkriterien, welche zur Analyse der Wirkung von Wearables
angewendet werden, ableiten :

- Sicherstellung des Material-und Informationsfluss
- Kommunikations-und Koordinationsaufwand
- Bestandstransparenz und -optimierung
- Fehleridentifikation und -beseitigung

Um die Wirkung der jeweiligen Eigenschaften von Wearables auf die identifizierten Zielkriterien darzustellen, wird eine fünfstufige Skala mit Symbolen von
„--" bis „++" gewählt. Dabei wird den einzelnen Symbolen die folgende Bedeu-
tung zugeordnet:

--   = sehr negative Wirkung der Eigenschaft auf das Zielkriterium

-     = negative Wirkung der Eigenschaft auf das Zielkriterium

0   = neutrale bzw. keine Wirkung der Eigenschaft auf das Zielkriterium

+   = positive Wirkung der Eigenschaft auf das Zielkriterium

++   = sehr positive Wirkung der Eigenschaft auf das Zielkriterium

4.2 Wirkung der Eigenschaften von Wearables in der Produktions-logistik

Nachdem in Kapitel 4.1 die Zielkriterien der Produktionslogistik sowie eine geeig-
nete Bewertungsskala festgelegt wurden, wird im Rahmen dieses Kapitels die
Wirkung der positiven sowie negativen Eigenschaften von Wearables auf die Produktionslogistik untersucht. Dabei werden sowohl die Eigenschaften der Wearables als auch die Zielkriterien in einer gemeinsamen Abbildung dargestellt und die
Wirkung einer Eigenschaft auf jedes einzelne Zielkriterium bewertet. Für die Analyse werden nur die Eigenschaften der Wearables herangezogen die auf die Anforderungen der Produktionslogistik bewertbar sind. Ziel dieser Untersuchung ist

es, herauszufinden ob ein Einsatz von Wearables in der Produktionslogistik zur Bewerkstelligung der identifizierten Anforderungen hilfreich ist. Die Analyse ist in nachfolgender Tabelle dargestellt:

	Zielkriterien der Produktionslogistik			
Eigenschaften von Wearables	Sicherstellung des Material- und Informationsfluss	Kommunikations- und Koordinationsaufwand	Bestandstransparenz und -optimierung	Fehleridentifikation und -beseitigung
positive Eigenschaften:				
Vereinfachte Darstellung wichtiger Dokumente und Informationen	++	++	++	+
Darstellung optimierter Laufwege und Produktstandorte	++	++	+	+
Minimaler Suchaufwand	+	++	0	+
Mehr Bewegungsfreiheit	+	++	0	0
Direkte Datenübertragung in bestehende Systeme	++	++	++	+
Einfache Verbindung	+	++	+	+
Fehlerminimierung durch Signale	+	+	+	++
Transparenz zu Produktstandort und -status	+	+	++	+
negative Eigenschaften:				
Datensicherheit und Verifizierung	-	0	-	0
Akzeptanz der Wearables durch die Mitarbeiter	0	-	0	-

Abbildung 9: Auswirkungen von Wearables auf die Produktionslogistik[46]

Betrachtet man zunächst das Gesamtbild der durchgeführten Untersuchung ist sofort zu erkennen, dass alle positiven, aufgeführten Eigenschaften von Wearables auch einen positiven Einfluss auf die Zielkriterien haben und somit unterstützend auf die Anforderungen der Produktionslogistik wirken. Ebenso ist im Hinblick auf die gelisteten negativen Eigenschaften zu erkennen, dass diese teilweise eine negative sowie neutrale Wirkung auf die einzelnen Zielkriterien haben und dementsprechend positive Effekte einschränken können. Wie zuvor erläutert, kann sich die Gefahr dass Wearables vergleichsweise einfach abhandenkommen können, auf den Informationsfluss sowie die Bestandstransparenz eines Unternehmens auswirken. Werden Wearables die in der Produktionslogistik im Einsatz sind entwendet, könnten z.B. Daten über aktu-

---

[46] Eigene Darstellung

elle Bestände in falsche Hände gelangen und missbraucht werden. Des Weiteren bräuchte man unbedingt ein Ersatzgerät oder eine Ersatzlösung damit der Informationsfluss bestehen bleibt. Ebenfalls kann sich die Ablehnung der Wearables durch die Mitarbeiter negativ auf den Koordinations- und Kommunikationsaufwand auswirken, da bestehende Prozesse unverändert bleiben und damit die Wahrscheinlichkeit, dass auch weiterhin dieselben Fehler in der selben Häufigkeit wie bspw. die Auswahl eines falschen Artikels beim Kommissionieren, bestehen bleiben. Zudem wird durch den Einsatz von Wearables die Kommunikation der Mitarbeiter untereinander vermindert, da alle relevanten Informationen wie z.B. dem Aufenthaltsort eines Produktes oder dem innerbetrieblichen Transportweg, über das Wearable abgebildet werden. Dies kann unter Umständen auch zu einer Verschlechterung des Arbeitsklimas führen.

Im Hinblick auf die positiven Eigenschaften fällt auf, dass vor alle die vereinfachte Darstellung wichtiger Dokumente und Informationen sowie die Darstellung optimierter Laufwege und Produktstandorte durch den Einsatz von Wearables einen positiven bis sehr positiven Einfluss auf alle Zielkriterien der Produktionslogistik hat. Dies bedeutet, dass durch den Einsatz von Wearables nicht nur der Material-und Informationsfluss optimiert werden kann sondern auch der Koordinations-und Kommunikationsaufwand für den einzelnen Mitarbeiter geringer wird. Gleichzeitig können auch durch die bereits angesprochene Signale eines Wearables Fehler entlang der internen Supply Chain frühzeitig erkannt und eliminiert werden, vorausgesetzt der Mitarbeiter ist offen für die Einführung von Wearables in seinem Arbeitsbereich. Auch die Fähigkeit mit Hilfe von Wearables Daten in Echtzeit an die anknüpfenden Systeme zu übertragen kann für Unternehmen dazu beitragen, dass Gefahrensituationen wie z.B. geringe Bestände im Lager oder fehlende Teile in der Montage, rechtzeitig erkannt werden. Dadurch kann wiederum die Wahrscheinlichkeit eines Produktionsstopps durch fehlerhafte Bauteile gesenkt werden. Auch aus strategischer Sicht kann durch die Schnittstellenoptimierung z.B. frühzeitig erkannt werden an welchen Stellen dauerhaft zu viele Materialien gelagert sind. In der Materialplanung könnte diese Information hilfreich sein und dem Unternehmen Kapital einsparen. Durch Wearables gewinnen Mitarbeiter zudem an Bewegungsfreiheit, da Sie beide Hände frei haben. Dies kann unter anderem zu

Einsparungen von Prozesszeiten im Hinblick auf die Materialbereitstellung führen.

5 Einsatzmöglichkeiten von Wearables in der Produktionslogistik

Aus der in Kapitel 4 durchgeführten Untersuchung des Einsatzes von Wearables in der Produktionslogistik hat sich herausgestellt, dass es durchaus Sinn macht diese tragbaren, technischen Hilfsmittel zur Unterstützung bei der Bewerkstelligung der Anforderungen der Produktionslogistik einzusetzen. Daher werden in diesem Kapitel potentielle Einsatzmöglichkeiten der vorgestellten Wearables innerhalb der Produktionslogistik dargestellt:

Es bietet sich an vor allem im Aufgabenfeld der Materialplanung und Bereitstellung Wearables einzusetzen. In diesem Bereich könnten Wearables nicht nur operative Tätigkeiten unterstützen sondern auch bei der strategischen Planung könnte beispielsweise im Rahmen der Layout Planung eines Lagerortes eine Datenbrille verwendet werden. Dadurch könnten Mitarbeiter schon vorab verschiedene Layouts einer Lagerstätte untersuchen und durch die moderne VR-Technik gleichzeitig einzelne Arbeitsabläufe durchspielen, um zu prüfen wie effektiv die einzelnen Arbeitsabschnitte gestaltet werden können. Im Hinblick auf operative Tätigkeiten können Wearables vor allem bei den TUL-Prozessen positiv unterstützen und dadurch die Materialbereitstellung zur richtigen Zeit am richtigen Ort sicherstellen. Optimal würde sich hier eine Kombination aus einem Smart Handschuh und einer Datenbrille eignen. Dabei könnte die Datenbrille über Hinweise im Sichtfeld des Mitarbeiters durch ihre AR-Technik sicherstellen, dass z.B. beim Kommissionieren und transportieren von Artikeln dem Mitarbeiter immer die optimale Route angezeigt wird. Damit würden Prozesszeiten bei der Suche der einzelnen Materialien gespart werden. Der Smart Handschuh könnte den Prozess durch die Unterstützung beim Einscannen der Artikel abrunden. Durch die Signale bei der Auswahl eines falschen Artikels oder nachdem ein Artikel erfolgreich gescannt wurde, werden Buchungsfehler und das Kommissionieren falscher Artikel minimiert. Bei der Kombination zweier Wearables sollte jedoch darauf geachtet werden, dass diese miteinander kompatibel sind, damit ein reibungsloser

Datenaustausch möglich ist. Ebenso sollte bei der Auswahl einer Datenbrille sowie dem Smart Handschuh darauf geachtet werden, dass die Wearables ein passendes Gewicht sowie eine passende Größe haben, damit diese den Mitarbeiter in seinem Arbeitsablauf nicht beeinträchtigen. Optimal wäre es wenn die Datenbrille sowohl für strategische als auch für operative Tätigkeiten genutzt werden könnte. Man würde zum einen Kosten sparen und zum anderen könnte man dadurch für eine optimale Auslastung der Geräte sorgen. Eine Smartwatch könnte eingesetzt werden wenn ein Unternehmen z.b. mit autonomen Transportmitteln zwischen einem Lager und der Montage arbeitet. Mitarbeiter können mit Hilfe der Smartwatch Nachrichten der Transportmittel empfangen und diese teilweise auch steuern. Dadurch könnten Mitarbeiter eigenständig ihre Prozesse optimieren und frühzeitige Signale empfangen wann ein Transportmittel gewartet werden muss oder auf dem Weg von einem Lager zur Montage ist. Auch die anderen Aufgabenbereiche der Produktionslogistik können von einem Einsatz durch Wearables profitieren. So kann die Werkstatsteuerung durch die Verknüpfung von Wearables mit den unternehmensinternen Systemen, Bestandsdaten und Informationen zu Materialflüssen in Echtzeit erhalten und schafft sich dadurch einen größeren Handlungsspielraum um auf Gefahrenpotentiale oder kurzfristige Änderungsanforderungen zu reagieren. Die Termin-und Programmplanung eines Unternehmens kann von einer besseren Datenqualität profitieren und dadurch einen Beitrag zur Steigerung der Liefertreue leisten. So können beispielsweise dank höherer Transparenz innerhalb der internen Transportkette realistischere Fertigungs-und Lieferdaten an Kunden weitergegeben und auch eingehalten werden. Es muss jedoch stets bedacht werden dass der Mensch die treibende Kraft für die Erreichung der Potentiale durch Wearables ist. Dementsprechend ist es extrem wichtig, sich als Unternehmen Gedanken darüber zu machen, in welchen Bereichen der Produktionslogistik es Sinn macht welches Wearable einzusetzen und wie gewährleistet wird, dass ein Einsatz dieser tragbaren Hilfsmittel auch von jedem Mitarbeiter akzeptiert wird. Hierbei wäre es empfehlenswert die Mitarbeiter frühzeitig in die Planung einzubinden und ihnen die neue Technologie sowie die damit verbundenen positiven und negativen Eigenschaften Schritt für Schritt beizubringen sowie im Rahmen von Schulungen erste Berührungsmöglichkeiten mit den Wearables anzubieten.

6 Fazit und Schlussbetrachtung

Im Rahmen der Seminararbeit wurden im Hinblick auf die Forschungsfragen zunächst die Eigenschaften von Wearables untersucht. Dabei hat sich durch die Recherche herausgestellt, dass die positiven Eigenschaften von Wearables den negativen deutlich überlegen sind. Dennoch ist es wichtig bei der Einführung von Wearables in einem Unternehmensbereich die negativen Eigenschaften und die damit verbundenen Herausforderungen zu berücksichtigen damit sich die positiven Effekte von Wearables auf die einzelnen Prozesse auch vollständig entfalten können.

Um zu analysieren wie sich die Eigenschaften von Wearables auf die Anforderungen der Produktionslogistik auswirken, wurden zunächst die Hauptaufgaben, Ziele und die damit in Zusammenhang stehenden Herausforderungen der Produktionslogistik recherchiert. Dadurch konnten im Anschluss Anforderungen sowie für die Analyse passende Zielkriterien aus den Rechercheergebnissen abgeleitet werden. Die anschließende Untersuchung der Wirkung der positiven und negativen Eigenschaften von Wearables verdeutlichte, dass Wearables vor allem im Bereich der Materialplanung einen großen Einfluss zur Unterstützung der physischen TUL-Prozesse inklusive der Kommissionierung und Lagerung beitragen können. Des Weiteren kann der Einsatz von Wearables einen großen Beitrag zu einem schnelleren und besseren Informationsaustausch innerhalb der einzelnen Wertschöpfungsstufen eines Unternehmens beitragen. Dadurch hat der Einsatz von Wearables in der Produktionslogistik nicht nur einen direkten Effekt auf die operativen Arbeitsprozesse der innerbetrieblichen Supply Chain sondern kann ebenfalls zur Optimierung strategischer Zielgrößen wie z.B. der Kostensenkung durch eine geringere Kapitalbindung aufgrund optimierter Bestände beitragen. Ebenfalls können Wearables durch ihre Eigenschaften auch hinsichtlich strategischen Aufgaben wie z.B. bei der Layout Planung eines Lagers einen wertschöpfenden Beitrag leisten. Aufgrund der deutlich positiven Auswirkungen von Wearables auf die Material- und Informationsflüsse innerhalb der Produktionslogistik, lohnt es sich vor allem bei Unternehmen mit großen Umschlagsmengen, hohen Produktionszahlen und komplizierten, fehleranfälligen Prozessen hinsichtlich der Warenannahme, der Lagerung, der Materialbereitstellung für die Fertigung und der Zwischenlagerung vor dem Versand, den Einsatz von Wearables in Betracht zu ziehen. Es sollte jedoch unbedingt darauf geachtet werden, dass die eingesetzten Wearables bestenfalls ein einheitliches Betriebssystem haben oder einfach mit anderen Geräten und Maschinen verbunden werden können. Ebenfalls sollte bei der Auswahl eines Wearables darauf geachtet werden, dass es einfach und schnell in bestehende Systeme wie z.b. ein Lagerverwaltungssystem integriert werden kann. Optimal wäre es wenn ein einziges Wearable, wie z.b. eine Datenbrille sowohl für operative Tätigkeiten als auch für planerische Tätigkeiten verwendet werden könnte, da man so mit einem Wearable Anschaffungskosten und sowohl operative als auch strategische Prozesseffekte erzielen könnte. Wie sich herausgestellt hat, sind einige hilfreiche Wearables heute schon auf dem Markt vorhanden. Die Schwierigkeit vor dem Einsatz des Wearables ist jedoch das passende Konzept im Rahmen der Produktionslogistik und im Hinblick auf die unternehmensinterne Supply Chain zu gestalten, damit alle vorherrschenden positiven Eigenschaften von Wearables auch in der Praxis erfolgreich umgesetzt werden. Ebenso dürfen die Mitarbeiter die schlussendlich mit den Wearables zusammenarbeiten und deren wertschöpfende Effekte zum Vorschein bringen bei der Planungs- und Implementierungsphase nicht vernachlässigt werden.

Mit großer Wahrscheinlichkeit werden wir die positiven Effekte innerhalb der Produktionslogistik durch den Einsatz von Wearables in naher Zukunft in etlichen Unternehmen in den unterschiedlichsten Formen beobachten können. Passend hierzu wird dieses Kapitel mit einem Zitat welches sich auf Datenbrillen bezieht, aber mit Sicherheit auch heute noch auf alle anderen Wearables zutrifft ,beschlossen: „Wir werden in Zukunft auf eine Art und Weise mit diesen Brillen arbeiten, die wir uns jetzt noch gar nicht vorstellen können", [47] Klaus Kratz, Logistikleiter des größten deutschen IT-Systemhaus, der Bechtle AG.

---

[47] Laub, M., Augmented Reality, 2015, S. 3.

Literaturverzeichnis

Fachbücher

Bauer, Jürgen, (Produktionslogistik, 2014): Produktionslogistik/Produktionssteuerung kompakt, schneller Einstieg in die Produktionslogistik mit SAP-ERP, Springer Vieweg, Springer Fachmedien, Wiesbaden, 2014

Bracht, Uwe, Geckler, Dieter, Wenzel, Sigrid, (Fabrik, 2018): Digitale Fabrik, Methoden und Praxisbeispiele, 2. Auflage, Springer Vieweg, Berlin, 2018

Bendel, Oliver, (Keywords, 2019): 350 Keywords Digitalisierung, Springer Gabler, Springer Fachmedien, Wiesbaden, 2019

Bosse, Christian K., Zink, Klaus J, (Arbeit, 2019): Arbeit 4.0 im Mittelstand, Chancen und Herausforderungen des digitalen Wandels für KMU, Springer Gabler, Berlin, 2019

Günthner, WA, Wölfle, M, Fischer, R, (Wearable Computing, 2011): Wearable Computing und RFID in Produktion und Logistik – Ansätze zur bereichsübergreifenden Nutzung digitaler Informationen, *erschienen in Logistics journal: Nicht referierte Veröffentlichungen,* Vol. 2011

Hermeier, Burghard, Heupel, Thomas, Fichtner-Rosada, Sabine Hrsg., (Arbeitswelten, 2019): Arbeitswelten der Zukunft, Wie Digitalisierung unsere Arbeitsplätze und Arbeitsweisen verändert, Springer Gabler, Springer Fachmedien, Wiesbaden, 2019

Liebetruth, Thomas, Merkel, Lisa, (Routenzugplanung, 2018): Routenzugplanung, ein Fallbeispiel, Springer Gabler, Springer Fachmedien, Wiesbaden, 2018

Martin, Heinrich, (Transport, 2019): Transport- und Lagerlogistik, Planung, Struktur, Steuerung und Kosten von Systemen der Intralogistik, 6. Auflage, Friedr. Vieweg & Sohn Verlag, GWV Fachverlag, Wiesbaden, 2006

Pfohl, Hans-Christian, (Logistiksysteme, 2018): Logistiksysteme, Betriebswirtschaftliche Grundlagen, 9. Auflage, Springer Vieweg, Berlin, 2018

Reinhart, Gunther, (Industrie 4.0, 2017): Handbuch Industrie 4.0, Geschäftsmo-
delle, Prozesse, Technik, Carl Hanser Verlag, München, 2017

Schenk, M, (Zukunft, 2017): Produktion und Logistik mit Zukunft, Digital Enginee-
ring und Operation, Springer Vieweg, Berlin, 2017

*Scholz-Reiter, Bernd, Ruthenbeck Carmen, Harjes Florian, Meinecke Christian,
(Info, 2010):* Informationsmanagement in der Logistik unterstützt durch
Wearable Computing, *erschienen in Industrie Management 26/2010,* Gito-
Verlag, Berlin, 2010

*Vogel-Heuser, Birgit, Bauernhansl, Thomas, ten Hompel, Michael Hrsg., (Grun-
lagen, 2017):* Handbuch Industrie 4.0, Bd.4, Allgemeine Grundlagen, 2.
Auflage, Springer Vieweg, Berlin, 2017

*Vogel-Heuser, Birgit, Bauernhansl, Thomas, ten Hompel, Michael Hrsg., (Pro-
duktion, 2017):* Handbuch Industrie 4.0, Bd.1, Produktion, 2. Auflage,
Springer Vieweg, Berlin, 2017

Voß, Peter H., (Zukunftsindustrie, 2020): Logistik-die unterschätzte Zukunftsindustrie, Strategien und Lösungen entlang der Supply Chain 4.0, 2. Auflage, Springer Gabler, Springer Fachmedien, Wiesbaden, 2020

Winkelhake, Uwe, (Transformation, 2017): Die digitale Transformation in der
Automobilindustrie, Treiber, Roadmap, Praxis, Springer Vieweg, Berlin,
2017

Internetquellen

Beutnagel, Werner (Picking, 2015): Kommissionierung und Picking, Moderne
Logistik-wo selbst Handschuhe smart werden, https://www.handels-
blatt.com/technik/vernetzt/augmented-reality-in-der-logistik-brille-soll-
menschen-nicht-zu-robotern-machen/11056224-4.html (11.08.2015)
[Zugriff am 06.02.2020]

ICS Group (ICS Group, 2016): Die vernetzte Smartwatch - Innovatives
Wearable ersetzt MDE, https://www.handelsblatt.com/technik/ver-
netzt/augmented-reality-in-der-logistik-brille-soll-menschen-nicht-zu-ro-
botern-machen/11056224-4.html (07.03.2016) [Zugriff am 06.02.2020]

Lamprecht, Stephan (Kommissionierung, 2018): Kommissionierung und Picking, Moderne Logistik-wo selbst Handschuhe smart werden, https://www.handelsblatt.com/technik/vernetzt/augmented-reality-in-der-logistik-brille-soll-menschen-nicht-zu-robotern-machen/11056224-4.html (26.09.2018) [Zugriff am 14.02.2020]

Laub, Malte (Augmented Reality, 2015): Augmented Reality in der Logistik, https://www.handelsblatt.com/technik/vernetzt/augmented-reality-in-der-logistik-brille-soll-menschen-nicht-zu-robotern-machen/11056224-4.html (24.03.2015) [Zugriff am 12.02.2020]

Malorg, (Marlog, 2017): Produktionslogistik optimieren, Kundenerwartungen erfüllen, https://www.malorg.de/2017/11/15/produktionslogistik-optimieren/ (15.11.2017) [Zugriff am 07.02.2020]

Mecalux (Mecalux, 2020): Wie können Sie die Produktionslogistik optimieren? https://www.mecalux.de/blog/produktionslogistik(2020) [Zugriff am 07.02.2020]

Meitinger, Therese (Denso, 2019): Identifikation und Auto-ID, Wearables: Denso bringt Handschuh mit integriertem Scanner https://logistik-heute.de/news/wearables-denso-bringt-handschuh-mit-integriertem-scanner-18097.html (2019) [Zugriff am 11.08.2019]

Pressclub Österreich (Autonom, 2018): Autonom in der Produktionslogistik: Fahrerlose Routenzüge erreichen nächste Entwicklungsstufe, https://www.press.bmwgroup.com/austria/article/detail/T0279636DE/autonom-in-der-produktionslogistik:-fahrerlose-routenzuege-erreichen-naechste-entwicklungsstufe?language=de (28.03.2018) [Zugriff am 05.02.2020]

Produktion (Produktion, 2017): Das sind die wichtigsten Virtual-Reality-Brillen, https://www.produktion.de/bildergalerien/das-sind-die-wichtigsten-virtual-reality-brillen-120.html (21.07.2017) [Zugriff am 15.02.2020]

Proglove (Proglove, o.J.): The smarter Workforce, https://www.proglove.com/de/branchen/logistik/ (o.J.) [Zugriff am 15.02.2020]

Rügge, Ingrid, Boronowsky, Michael, Herzog, Otthein, (Wearable, 2003): Wearable Computing für die Industrie, *erschienen in Industrie Management 06/2003,* http://www2.ips.biba.uni-bremen.de/~rue/PDF-Dateien/IM_IR.etal_1.10.03_komplett.pdf , (06.2003) [Zugriff am 02.02.2020]

Smartwatch (Smartwatch, o.J.): Die Smartwatch, Eine moderne Armbanduhr, http://www.die-smartwatch.de/smartwatch-definition-was-ist-das (o.J.) [Zugriff am 05.02.2020]

Schreier, Jürgen (Vision, 2017): Vision Picking, Smart Glasses werden Standard in DHL Lagern, https://www.industry-of-things.de/smart-glasses-werden-standard-in-dhl-lagern-a-630974/ (03.08.2017) [Zugriff am 15.02.2020]

Theracon (Theracon, o.J.): Wearables in der Smart Factory, https://www.theracon-world.de/magazin/wearables-smart-factory/ (o.J.) [Zugriff am 19.02.2020]

BEI GRIN MACHT SICH IHR WISSEN BEZAHLT

- Wir veröffentlichen Ihre Hausarbeit,
  Bachelor- und Masterarbeit

- Ihr eigenes eBook und Buch -
  weltweit in allen wichtigen Shops

- Verdienen Sie an jedem Verkauf

Jetzt bei www.GRIN.com hochladen
und kostenlos publizieren